AF359447

SINISTRE

DE L'ÉPERVIER.

Départ.

L'Épervier, magnifique trois-mâts, de 900 tonneaux, portant vingt pièces de canon et 70 hommes d'équipage, sortait, au mois de juillet dernier, du port de Marseille, où une masse innombrable de curieux suivait des yeux ce beau navire paré de toute sa voilure et de tous ses pavillons.

La foule se dispersa peu à peu ; bientôt il ne resta au pied de la tour St.-Jean, assise à l'entrée du bassin, qu'un petit nombre de personnes dont le visage triste et les yeux baignés de larmes attestaient des amis, des frères, des épouses venant de dire un dernier adieu, peut-être, à l'équipage du trois-mâts que le souffle du nord poussait déjà bien loin dans la Méditerranée.

M. Charles B..... commandait l'Epervier. Que le lecteur nous permette de taire le nom de ce brave et savant capitaine qui appartint autrefois à la marine royale ; la France, aujourd'hui, sans doute le compterait au nombre de ses amiraux les plus expérimentés, si la noblesse de son caractère eût pu se plier aux cabales des hommes de cour ; mais au contraire, laissant éclater, en un jour de passe-droit, l'indignation que lui inspira une somme de faveurs accordées alors à quelques misérables créatures d'antichambre, l'anathème du pouvoir le frappa ; il le sut et déposa ses épaulettes.

Le *second*, Alfred Lissonde ; plus un maître d'équipage, un chef de timonerie, deux lieutenants et le chirurgien, Hector Dufour. composaient l'état-major de ce navire, excellent voilier, dont la double mission embrassait le commerce et les découvertes.

Un vent favorable leur permit bientôt de dépasser les Baléares. Ces îles franchies, le navire parvint à l'entrée du détroit de Gibraltar, barrière qui sépare l'Europe de l'Afrique. Ce détroit, fameux par les colonnes qu'Hercule y posa de son temps, comme limites du monde, est un immense canal, ouvrage de la nature, par lequel l'Océan Atlantique porte à la Méditerranée le tribut et la majesté de ses eaux.

Ici la marche devint plus lente et plus difficile.

Nos voyageurs laissèrent à leur droite le rocher de Gibraltar, ancien volcan noir, aride, tout calciné, qui montre au-dessus des flots ses étages caverneux où l'Anglais a établi sa domination et mille bouches à feu toujours prêtes à vomir la mort.

La marche est lente, mais elle est sûre ; la puissance des voiles triomphe du choc des lames, et l'Epervier, gagnant la côte africaine, vainquit le courant impétueux du détroit.

Le navire vogua à pleines voiles dans l'Océan.

Peu de jours après il prit connaissance de Madère, ensuite des îles Canaries, où l'œil

découvre, à plus de quarante lieues de distance, le pic de Ténériffe, rocher géant
qui cache dans les nues sa tête couverte de
neige. Le trois-mâts jeta l'ancre dans cette
rade, dernière station des bâtiments qui par-
tent d'Europe; il y fit de l'eau et s'approvi-
sionna de quelques vivres frais.

Le soleil, tout éblouissant de feux, com-
mençait de poindre à l'horizon; une brise lé-
gère se jouait dans les voiles; la mer était
tranquille : tout promettait aux marins une
belle journée; on leva l'ancre et le navire
traça aussitôt derrière lui un profond sillon
où l'onde, en frémissant, roula ses perles
liquides.

A bord, les jeux, les ris, les tours de force
commencèrent; mais pas un des lutteurs ne
put entrer en lice contre Jérôme Dubourdieu,
excellent matelot qui remplissait en outre les
fonctions de maître canonnier. Jérôme Dubourdieu cumulait à la force et à l'adresse, l'habitude de manier le bâton d'une manière
merveilleuse; tout l'équipage le connaissait
aussi comme maître de *savate*, d'un talent
supérieur; le fait est que Jérôme, sans autres

armes que ses mains et ses pieds, se débarras-
sait très-facilement de quatre ou cinq adver-
saires : dans l'eau c'était un poisson ; dans les
manœuvres c'était un singe.

Ainsi s'écoulèrent en gaîté plusieurs journées pendant lesquelles l'ordre et la discipline
ne cessèrent d'être rigoureusement observés.
O vous, officiers de la marine royale, qui
vous permettez arbitrairement de frapper de
la garcette le matelot, votre subordonné, sans
doute, mais votre égal, car les matelots sont
des hommes aussi, et souvent des hommes
qui valent mieux que vous ; officiers de titre
et de faveur, que n'étiez-vous là pour ap-
prendre que c'est par la force morale et non
par la garcette que l'on se fait obéir du matelot ; le capitaine Charles vous eût donné cette
preuve ; un signe de lui mettait tout l'équipage
sur pied, tandis que votre colère et votre bout
de corde nouée, que font-ils sur l'énergie
de l'homme ? Rien ! La garcette meurtrit la
chair, elle satisfait vos insolents emportements,
voilà tout ! Quand cessera donc cette habitude
brutale qui érige en bourreau l'officier de
marine, et ravale le matelot au niveau des
bêtes de somme.

Tout-à-coup un poisson colossal montra, au-dessus des montagnes d'eau, son dos couvert d'écailles noirâtres : l'attention se porta vers ce prodigieux cétacé ; on l'approcha bientôt de très-près : c'était une baleine longue environ de trente mètres. Son voisinage pouvait devenir dangereux, ca r cet animal, irrité soit par une blessure, soit par une attaque quelconque, devient belliqueux au point de se heurter de toute sa force et de toute sa masse contre les petits bâtiments que souvent il démembre et fait sombrer. La baleine paie presque toujours de sa vie la victoire qu'elle remporte dans ce combat à mort ; mais elle est vengée, et en expirant elle semble dire à son ennemi : C'est moi qui suis la reine des mers ! La prudence commanda donc de s'en éloigner : le commandant fit tirer à poudre toutes ses pièces d'artillerie. A cette détonation, le monstre marin ébranle la masse d'eau qui l'environne ; une vibration de sa queue et la pression de ses deux nageoires lui prêtent la vitesse du vent le plus rapide ; à peine l'œil peut le suivre dans sa fuite. Que l'on juge, en effet, de la vitesse avec laquelle voyage cet énorme poisson qui peut en dix-huit ou dix-neuf jours faire le tour de la terre.

Les travaux ordinaires, les amusements, les luttes, les jeux ont recommencé sur le pont, où des voiles tendues préservent l'équipage de la rigueur du soleil dont les rayons tombent presque perpendiculaires : le navire approchait de la ligne.

Vingt-deux jours, d'une heureuse navigation, ont déjà favorisé le voyage de l'Epervier ; le vingt-troisième, au matin, des coups d e fouet et le son des trompettes retentirent dans les hunes, d'où descendit le plus vieux des matelots, habillé en prêtre, et suivi de plusieurs diablotins costumés à faire peur : l'équipage se préparait à célébrer la cérémonie du baptême, généralement usitée chez toutes les nations maritimes. La journée entière se passa ainsi en plaisanteries, en aspersions, en joyeuseté. On se trouvait alors directement sous se soleil. Le soir, la ligne fut franchie.

A peine entré dans ce nouvel hémisphère, le vent devint calme-plat; le navire resta là, immobile, comme arrêté subitement dans sa course, par une puissance magique; la nuit,

la fraicheur de la matinée, n'amenèrent pas
la moindre brise. Le cinquième jour, cependant, les voiles s'enflèrent et le trois-mâts
reprit sa marche, aux joyeuses acclamations
de l'équipage.

La Tempête.

Le 8 août 1840, l'Epervier se trouvait par le travers du Cap de Bonne-Espérance, à 70 lieues au large, lorsqu'un coup de vent de N. O. décida une de ces tempêtes contre lesquelles la science du capitaine et le courage de l'équipage sont presque toujours impuissants.

Au coucher du soleil le commandant fit entendre ce cris d'alarmes : Tout le monde en haut!

Le lecteur nous saura gré, sans doute, de lui transcrire ici textuellement un extrait du journal de l'Epervier, où il est écrit :

« 7 heures du soir : Nous envoyons en bas nos vergues de perroquet ; nous dépassons les mâts de manière à nous préparer de lutter contre un ouragan et une mer furieuse qui devient tout en feu. Nous prenons des ris dans les huniers, successivement jusqu'à les mettre au bas ris. »

« A minuit le vent redouble, les lames grossissent ; elles fatiguent considérablement notre bâtiment dont les bordages s'entrouvrent. Le poids de notre charge empêche le navire de s'élever assez légèrement au-dessus des vagues qui déferlent sur le pont. »

« 2 heures : On jette à la mer la partie la moins précieuse du chargement, afin d'alléger le trois-mâts ; mais la violence de l'ouragan ne cède point et force au contraire de serrer les huniers et de rester ainsi à sec de voiles. Nous filons 8 nœuds. »

« Enfin le soleil se lève ; peut-être, dans la journée apercevrons-nous le Cap, et nous sera-t-il possible de faire entendre le signal de détresse. Vain espoir ! Les vents changent, viennent de terre et nous contraignent de reprendre le large : impossible de louvoyer sans voiles ; le navire fuit devant le temps, n'ayant que son petit foc pour se maintenir vent arrière. Les lames s'élèvent à une telle hauteur que la force de l'ouragan décapite leur crête. Depuis l'arrière jusqu'à l'avant, le pont ne cesse d'être couvert des flots de cette mer tourmentée. »

« A midi, six marins sont à la barre du gouvernail dont ils ont de la peine à se rendre maîtres; malgré eux le navire fait, en loffant, une embardée qui jette à bord une énorme lame; en traversant le pont, elle enlève un matelot qu'elle jette dans les abîmes. Aussi prompt que la pensée, une voix, dominant le bruit de la tempête, s'écrie: Un homme à la mer ! A peine se dispose-t-on à filer la bouée de sauvetage, que le marin, dont la voix s'est fait entendre, se précipite dans les flots; en vain les vagues déchaînées luttent contre lui : le matelot ne consulte que son courage : déjà il se trouve éloigné à une encâblure à peu près; on le croit enseveli sous les montagnes d'eau, quand tout-à-coup un point noir se découvre à la cîme d'une lame: c'est lui, sans doute, et sans perdre plus de temps, le capitaine ordonne de mettre la yole à la mer. »

« Cependant l'intrépide matelot vient d'apercevoir comme un cadavre que l'onde balotte; il fend la vague, arrive, plonge, revient sur l'eau, plonge encore, et à la troisième fois enfin; il en retire une masse inerte qu'il a saisie par les cheveux ! Le nom de ce brave matelot est Jérôme Dubourdieu ; nous enregistrons cette noble action, avec d'autant plus d'admiration, que c'est la seule récompense que l'auteur a voulu accepter. »

« La yole regagne enfin le navire à force de rame, et le marin est sauvé ; mais à peine les hommes sont-ils à bord, que dans un coup d'acculement la yole brisée disparaît à nos yeux. Pour comble d'inquiétude la nuit arrive et commence déjà de nous envelopper de ses ombres. Plus de lumière, pas d'étoiles ; nous sommes tombés dans l'obscurité la plus profonde ; notre route se fait presque au hasard ; notre manœuvre est impossible. »

« Nos pompes jouent sans relâche : le trois-mâts fait 27 pouces d'eau à l'heure. »

« Dix heures du soir : Les vents se plaisent à nous faire victimes de leur inconstance ; ils soufflent maintenant du large et nous laissent l'espérance de pouvoir jeter l'ancre au fond de la rade du Cap. Nous nous dirigeons vers la côte où les écueils ne sont plus à redouter : le sommeil et la fatigue nous tuent. »

« A trois heures et demie du matin, la force continuelle du vent jointe à la grosse mer déralinguent notre petit foc et nous démâtent du mât d'artimon, en le cassant à 3 pieds de l'étembrai ; tout le grément tombe sur le pont et le long du bord. Cette chûte nous laisse à déplorer la perte d'un homme. A la vue du danger qui nous menace tous, le courage renaît, chacun s'arme de haches : les haubans sont coupés, d'abord sous le vent, ensuite au vent ; puis tout est jeté en dérive. »

.. « Au jour : Ne pouvant plus tenir la mer, nous entons notre mât de hune de rechange sur le tronçon de notre mât d'artimon, ce qui nous permet enfin de gagner la côte. »

« A dix heures un quart du matin, un matelot, placé en vigie dans la grande hune, crie terre ! par le bossoir de babord ; la longue-vue braquée à l'instant atteste que l'œil exercé du matelot ne a point trompé ; à six heures le trois-mâts se trouve à deux milles seulement de la côte. Nous tirons le canon d'alarme, nous hissons notre pavillon en berne : pas de secours, pas de pilote ! Approchant la côte, le plus possible, nous jetons le plomb de sonde qui nous donne trente brasses de fond : le dessous du plomb porte à penser que le lit est de gros gravier ; alors, laissant tomber notre ancre, le navire évite, l'avant au large. »

« Le vent qui n'a rien perdu de sa force, fait chasser le bâtiment sur son ancre. Un nouveau malheur nous frappe : notre chaîne casse environ à dix brasses de l'écubier. La seconde ancre qui se trouve étalinguée sur cable-chanvre est aussitôt mouillée ; mais sans meilleur résultat, car quelques minutes après , nous nous apercevons que l'ancre, manquant de prise, le trois-mâts chasse toujours. Il nous reste encore une ancre à jet disposée dans les porte-haubans de tribord ; nous l'empennelons aussitôt avec une pièce de 12 : ce dernier moyen ne peut suffire. »

« La nuit nous enveloppe de nouveau ; nous sommes étourdis par le sifflement de la tempête, le craquement du navire, et le mugissement des vagues qui s'engouffrent dans les rochers. »

« L'Epervier donne un coup de talon ! »

« Il est impossible de se sauver en mettant les embarcations à la mer, tant la nuit est profonde ; heureusement le vent qui vient de terre maintenant s'affaiblit sensiblement. Nous coupons notre câble et nous gagnons le large en faisant ce que nous pouvons de voilure et en mettant aux pompes tout notre monde disponible. »

« Six heures du matin : heure de salut ! la bourrasque est enfin calmée. »

Honneur, cent fois honneur au capitaine qui, pendant trois jours et trois nuits d'ouragan, conserva ce sang-froid imperturbable qui seul peut soutenir le courage de l'équipage en présence d'un aussi grand péril ! Qu'il était beau, ce brave capitaine, souriant avec dédain au flot qui venait l'attaquer sur le pont de son navire ! Avec quel calme, avec quelle présence d'esprit il commanda lui-même la manœuvre ! car dans le plus fort de la tempête on n'écouta plus que son commandement ; mais il était là ; on entendait sa voix, et pas un ne perdit espoir !

Obligé de boucher les voies d'eau et de calfater les joints, le trois-mâts regagna la côte où il jeta l'ancre à quelques encâblures.

Après s'être assuré que le navire ne courait plus aucun d'anger, le capitaine Charles conserva le nombre d'hommes indispensables au service des pompes et le reste de l'équipage prit enfin du repos. On se releva de deux heures en deux heures jusqu'au lendemain la naissance du jour.

Au lever du soleil, le premier soin fut de décharger la cargaison et l'artillerie, en conservant à bord seulement le poids propre à donner la baude que nécessitaient les travaux ; puis tout le monde mettant la main à l'œuvre,

bientôt la côte retentit de coups de hache,
du bruit des marteaux et du chant des tra-
vailleurs.

Les Sauvages.

Les connaissances géographiques et astronomiques du capitaine Charles lui permirent promptement de reconnaître avec exactitude la terre étrangère sur laquelle l'avait jeté la tempête : il se trouvait à 50 lieues marines au-delà du cap de Bonne-Espérance, sur les côtes d'Afrique.

Cette reconnaissance faite, la prévoyance lui commanda de bien armer ses hommes et de placer plusieurs sentinelles sur la plage, car le pays devait être peuplé d'anthropophages.

Dix marins, la hache d'abordage à la ceinture et le fusil sur l'épaule, furent envoyés en éclaireurs à l'effet de découvrir quelque source d'eau douce et de choisir un arbre propre à construire un mât d'artimon, en remplacement de celui que l'ouragan avait cassé. Lissonde, à qui le langage, les mœurs et le caractère des noirs de cette partie de l'Afrique étaient familiers, fut chargé de conduire la petite escouade.

Deux heures s'étaient à peine écoulées que l'on entendit une fusillade partir non loin d'une petite montagne située à une demi-lieue au plus de l'endroit où stationnait l'Epervier; puis une seconde, puis une troisième; enfin Alfred, à la tête de ses compagnons, faisait retraite en bon ordre.

A une assez grande distance de là, on compta quelques vingtaines de nègres armés de sagaies, d'arcs ou de casse-tête. Le capitaine Charles, jugeant qu'aucun danger ne menaçait son second, le laissa effectuer sa retraite. Jérôme et vingt-quatre matelots exercés au service des pièces d'artillerie occupaient le poste en avant; le reste de l'équipage se tenait en arrière, prêt à appuyer les canonniers.

A la voix du chef, les dix hommes conduits par Lissonde vinrent se joindre au plus grand nombre et chacun attendit l'ordre de commencer l'attaque.

Les sauvages, surpris de la contenance immobile et silencieuse des Européens, s'arrêtèrent à bonne portée de l'artillerie chargée à mitraille, formèrent plusieurs groupes qui semblaient délibérer, puis, se rangeant en bataille, poussèrent des hurlements comme pour s'exciter au combat.

Le commandant n'attendit point les premières hostilités ; voulant seulement éprouver le courage des indigènes, déjà inquiets de la détonation des armes à feu, il dirigea vers eux une fusée volante ; la fusée s'éleva dans les airs, y éclata et se divisant en pétards, retomba en pluie de feu sur la troupe saisie d'effroi. A ce spectacle, presque tous prirent la fuite; le reste se cacha dans d'épaisses fougères dont cette partie de l'Afrique est prodigue. On fit de suite une battue : deux jeunes nègres blottis dans ce fourré, le visage contre terre, furent découverts ; on les amena au capitaine après leur avoir lié les mains derrière le dos.

Un cercle d'hommes armés s'étant formé autour des deux sauvages, le commandant ordonna de les délier : on eût dit deux victimes vouées à la mort ; ils tremblaient de tous leurs membres ; la frayeur prêtait à leurs regards quelque chose de la bête fauve. Le capitaine leur fit signe de s'approcher ; tous deux, s'inclinant jusque dans la poussière, prirent successivement un des pieds du commandant, se le placèrent sur la tête en prononçant cette prière que Lissonde traduisit ainsi :

Homme blanc, accorde-moi la vie, je te reconnais pour mon maître. »

Le capitaine Charles ayant dit à son *second* de leur donner des assurances d'amitié, Alfred se tourna vers les deux sauvages dont il emprunta le langage :

« Vous êtes libres ; allez dire à votre roi que nous lui offrons notre protection et nos trésors. »

Quel fut l'étonnement des naturels à ces mots de paix sortis de la bouche d'un blanc !

Leur joie, poussée jusqu'à l'ivresse, éclata par des grimaces, des trépignements, des contorsions extravagantes, dont il nous est impossible de rendre l'expression. Le commandant leur distribua à chacun quelques présents, puis les congédia.

Cet acte de générosité produisit le meilleur résultat: une heure au plus s'était écoulée que déjà plusieurs sauvages se hasardaient d'approcher la tente des Européens ; ceux-ci, sans s'inquiéter de leur présence, qui ne paraissait avoir rien d'hostile, continuèrent leurs travaux avec la plus grande activité.

Cette contenance tranquille de l'équipage acheva de donner aux noirs une heureuse confiance qui permit au second d'entamer avec eux des échanges. Bientôt, moyennant cinq ou six paires de ciseaux, autant de petits miroirs, une poignée de boutons en cuivre, on se trouva pourvu d'une quantité suffisante de fruits naturels au climat, comme les oranges, les bananes, les dattes, les cocos. Dans la soirée le nombre des trafiquants s'accrut tellement que l'on eut de la peine à s'en débarrasser ; cependant aucun larcin ne se fit ; il est vrai que la surveillance des marchandises du bord fut confiée à douze matelots armés de manière à inspirer la terreur.

Le 18 août, grâce à l'activité infatigable de l'équipage, l'Epervier se trouvait radoubé et gréé à neuf; un mât d'artimon, du bois le plus solide, avait remplacé celui brisé par la tempête; l'artillerie, les marchandises étaient rembarquées; les pièces d'eau, remplies à une source voisine, promettaient un approvisionnement de deux mois au moins; enfin, à l'aide des échanges, la cuisine offrait quelques vivres frais. Le trois-mâts pouvait reprendre la mer.

Royaume de Didialou.

Sur les questions de Lissonde, adressées aux naturels de ces contrées, le capitaine Charles apprit qu'à dix lieues environ, dans les terres, il existait un roi, le puissant Didialou, dont l'autorité s'étendait jusque sur les peuplades de la côte, et qu'un fleuve profond dont l'embouchure se trouvait à trois ou quatre milles N. O. 1[4 S. de l'endroit où l'Epervier avait jeté l'ancre, coulait aux pieds de la ville principale de ce roi. Dans l'espoir d'établir avec Didialou un trafic avantageux, le commandant profita d'un vent favorable , cingla le long de la côte, entra dans le fleuve où la sonde indiquait un volume d'eau capable de maintenir à flot les plus gros vaisseaux. L'Epervier jeta l'ancre à portée de canon de la résidence de Didialou.

La population paraissait considérable ; le fleuve surtout, en amont de la ville, était chargé d'un nombre prodigieux de pirogues qui toutes, à la vue de l'Epervier, remontèrent vers la source. Les sauvages, habiles à manœuvrer ces frêles embarcations , se servent d'abord d'un instrument assez semblable à nos rames, puis aussi d'un jeune arbre, aux larges feuilles , qu'ils affermissent au milieu de leurs pirogues et qui produit l'effet de la voile.

En moins d'une heure les bords du fleuve furent couverts de deux masses compactes d'indigènes ; hommes, femmes, enfants, vieillards, tous armés, tous vociférant des hurlemens de colère et de provocations.

A l'aide de la longue-vue on observa distinctement le mouvement d'alarme qui régnait autour de la résidence royale.

Une grêle de pierres mêlées de quelques flèches tomba d'abord sur le pont sans qu'il fût possible à Lissonde de faire entendre sa voix aux Sauvages ; cependant, bravant le danger, l'intrépide second leur cria de l'avant : « Guerriers, cessez la bataille, ou mon maître va vous faire tuer à coups de tonnerre. » Ces menaces accrurent au contraire l'audace des naturels.

Il fallut en venir à des voies de rigueur. Le capitaine Charles commanda le branle-bas de combat. Les ordres données furent exécutés à l'instant même : Dubourdieu envoya les deux volées de tribord et de babord.

Les noirs, emportés par une terreur panique, avaient disparu avec la rapidité de l'éclair ; il ne resta sur les bords du fleuve que des cadavres et les blessés hors d'état de fuir.

Une pirogue, montée par les plus audacieux s'était approchée presque sous les flancs du trois-mâts ; une embarcation fut mise à sa poursuite. En vain les sauvage scherchèrent à gagner la rive ; on en saisit trois dans la pirogue ; deux autres furent retirés du fleuve où ils s'étaient jetés à la nage.

Conduits à bord, Alfred calma peu à peu l'effroi que leur inspiraient la présence des hommes blancs et la vue des objets nouveaux qui frappaient leurs regards. Le commandant leur distribua plusieurs objets de mince valeur qui paraissaient flatter plus particulièrement leurs désirs. Un d'eux désigna le poignard pendu à la ceinture d'un lieutenant ; sur un signe négatif il se mit à danser, puis renouvela ses instances : même refus ; le sauvage continua sa danse sans détacher les yeux de dessus l'objet de sa convoitise. Le lieutenant jugeant impossible de vaincre son obstination, tira son poignard, lui en présenta la lame, en faisant comprendre à cet infatigable danseur que cette arme lui couperait la langue et les oreilles. A ce langage démonstratif, le sauvage se recula convulsivement, saisit à deux mains ses oreilles et ferma la bouche d'une manière si comique que pas un des assistants ne pût s'empêcher de rire aux éclats.

Cette scène, vraiment plaisante, fut interrompue par l'arrivée d'un noir, dont l'air libre, la démarche assurée attirèrent toute l'attention. Debout, sur la rive droite du fleuve, il salua de la main, puis demanda, en espagnol, la permission de parler au capitaine. Cette faveur lui fut accordée sur le champ.

Ce noir, dont les manières policées se ressentaient de la civilisation européenne, était né à Montéviédo, de parents esclaves. Elevé dans une famille de riches Espagnols, la douceur de son caractère et son obéissance lui gagnèrent généralement la bienveillance de ses maîtres ; on le nomma Fidélio. Le jeune nègre, parvenu ainsi jusqu'à sa vingtième année , fut destiné à suivre, dans un voyage sur mer, un des fils de la maison , que des affaires de commerce appelaient à Pondichéry. Le départ se fit, mais dans les mêmes parages où l'Epervier fut battu par la tempête, le brick espagnol se perdit corps et bien ; Fidélio et deux matelots, massacrés plus tard par les indigènes , se sauvèrent seuls à la nage.

Fidélio fut conduit à Didialou qui le jeta d'abord dans l'esclavage. Plus tard la bonne conduite et l'intelligence de l'esclave lui méritèrent la confiance du maître : le nègre espagnol recouvra successivement la liberté , figura comme chef dans l'armée du roi , devint son conseil, puis son courmann (ministre); enfin obtint en union conjugale la fille aînée de Didialou et en eut deux enfants. Huit années de la vie de Fidélio s'écoulèrent ainsi.

C'est lui donc qui, à la vue du tumulte et de l'épouvante qu'avaient semés la détonation et la mitraille de l'artillerie, avait un peu calmé l'effroi des naturels et se rendait à bord de l'Epervier.

Le commandant parlait également l'Espagnol: Fidélio le tira d'abord de son étonnement en lui apprenant son origine et son naufrage ; ensuite s'inclinant avec respect, il lui demanda la paix et son amitié.

— Tout vous est acquis, répondit le capitaine Charles ; établissez vous-même à quelles conditions mon équipage et votre peuple peuvent être amis ; seulement lorsque mes hommes mettront le pied à terre ils conserveront leurs armes. »

Fidélio reprit : Je ne puis rien conclure, commandant, sans l'approbation de mon maître, permettez-moi de lui soumettre vos volontés.

A ces mots il se dirigea vers l'embarcation et, suivi des cinq prisonniers, il regagna la résidence de Didialou.

Le reste de la journée se passa sans que Fidélio reparût. On employa ce temps à creuser, de chaque côté de la rive, de larges fosses dans lesquelles on jeta les corps des sauvages tués par la mitraille. Les blessés furent transportés à bord où le chirurgien leur prodigua les secours de son art.

Traité de Paix et de Commerce avec les Sauvages.

Le matin, au lever de l'aurore, une troupe assez nombreuse de sauvages se dirigeait vers l'Epervier; elle marchait sous les ordres de Fidélio. Au centre, quatre robustes noirs conduisaient un buffle ; derrière ces premiers suivait un autre groupe à qui la garde de dix cabris (espèce de moutons) était confiée ; à la file succédaient plusieurs négresses ou négrillons portant sur la tête des corbeilles remplies de poules, d'œufs, de poissons ou de fruits. La troupe fit halte sur le bord du fleuve auprès du trois-mats.

Reçu à bord, Fidélio adressa la parole au commandant :

« Capitaine ! mon maître, le puissant Didialou, espérant que vous ne tuerez pas son peuple et que vous ne pillerez pas ses trésors, vous ouvre l'entrée de son royaume. Pour vous les sentiers périlleux de nos montagnes seront sans dangers ; pour vous aussi le Douatoug (fleuve) sera couvert de pirogues. »

« Si votre bon plaisir vous porte à agréer les offres de mon maître, il sera établi entre vous et lui des échanges de marchandises ; il jure, par le soleil, d'être franc dans son commerce. »

« Ni vous, ni les hommes de votre équipage, auxquels il est accordé de ne point quitter leurs armes, n'ont à redouter la trahison des sujets ou des esclaves du roi Didialou : celui qui vous manquera de respect sera fouetté ; les mendiants seront marqués ; les voleurs seront pendus. »

« Voilà, commandant, les propositions de mon maître ; il les rend sacrées en vous donnant en otage sa fille favorite, la belle Ciéta, qui recevra les honneurs dus à sa naissance royale, en buvant à votre coupe et partageant votre couche. »

Le commandant ne put s'empêcher de sourire à l'article des honneurs dus à la princesse royale.

« Capitaine, mon maître vous prie d'accepter ce premier gage de son amitié. »

Le commandant lui prit la main :

« J'accepte, généreux étranger, les dons de votre roi ; allez, je vous prie, lui porter les témoignages de ma reconnaissance ; dans la journée, à son tour, il recevra mes présents. »

Le courmann avait rempli son message ; il s'en retourna, accompagné de sa troupe qui emporta sur des brancards les blessés secourus par l'humanité française.

La rapidité avec laquelle se sont succédé jusqu'ici les évènements, nous ont empêché de donner au lecteur des détails assez curieux sur les mœurs, le caractère, le degré d'intelligence de ce peuple : nous y arrivons.

Pombola, ville principale du royaume de Didialou, se trouve située au centre des peuplades soumises à ce roi ; l'étendue du territoire embrasse à peu près autant d'espace que trois de nos départemens. Le pays, on ne peut plus fertile, fournit en abondance à ses habitants toutes les espèces de fruits naturels aux climats brûlants ; on doit citer entr'autres le palmier qui croît, dans cette partie de l'Afrique, avec une puissance de vie prodigieuse. Les animaux particulièrement destinés à la nourriture de ce peuple sont les cabris, le porc, les poules dont la quantité est extraordinaire ; on doit aussi ajouter les produits de la pêche qui se fait à l'aide d'un bâton flexible que termine une arrête de poisson.

Les rencontres qu'ont amenées les hostilités nous permettent également de décrire ici le physique de ce peuple : les hommes ont généralement le crâne aplati, les yeux petits, mais vifs ; le nez écrasé, de grosses lèvres, de grandes oreilles ; leur taille est ramassée, leur poitrine couverte de poil ; ils portent la barbe et les cheveux longs ; leurs mains et leurs pieds sont d'un volume considérable ; leur peau noire, huileuse et puante, est tatouée principalement sur les bras, les jambes et la poitrine. Les femmes sont petites, puissantes et chargées de gorge.

Les deux sexes ont pour couvrir leur nudité une simple pièce d'étoffe carrée, rouge-pâle ou jaune, qui serre la taille au-dessus des hanches, se noue sur le côté et retombe jusqu'à mi-cuisses. Mais suivons l'ambassadeur européen qui porte au roi noir les présents du capitaine Charles.

Lissonde est encore chargé de cette mission; trente matelots, l'arme au bras, l'accompagnent dans cette expédition. Au milieu de la troupe, deux hommes portent un bahut contenant les objets destinés à Didialou. Devant, précèdent deux tambours, un cornet à pistons et Jérôme, armé d'une superbe canne-majore à pomme luisante.

Après avoir traversé une assez grande étendue de terrain parsemé de cabanes plus ou moins spacieuses, mais couvertes, toutes, de feuilles de cocotier, le peloton fit halte dans une espèce d'arène en avant de la résidence de Didialou, où ce prince noir, entouré des principaux du royaume, reçut l'ambassadeur. Au grand étonnement de l'assemblée silencieuse, Dubourdieu fit trois ou quatre évolutions de canne qui le firent prendre d'abord pour le roi blanc. Mais de l'étonnement on passa bientôt à l'admiration, quand le joueur de cornet à pistons exécuta sur son instrument la walse de Robert-le-Diable. Ce fut un hourra étourdissant d'enthousiasme ; les femmes, assises dans une arrière-galerie, éprouvèrent des transports inexprimables, au point de se livrer aux gestes les plus indécents. Cependant Dubourdieu a levé sa canne ; le tambour a roulé et le silence s'est un peu rétabli.

Au nouvel étonnement de l'assemblée, Alfred s'avance vers le roi, lui présente la clé du bahut, en lui disant dans son langage :

« Grand Didialou, mon maître te prie d'accepter ces présents. »

Didialou, stupéfait aux accents de cette voix étrangère, reçoit la clé, l'examine en tous sens ; n'y trouvant rien d'extraordinaire, il demande au Courmann si ce présent est une fétiche (talisman). Fidélio lui en montre l'usage en ouvrant le bahut qui renfermait un vieil habit de capitaine de vaisseau avec les deux épaulettes à gros grains, un schall mérinos, plusieurs pièces d'indienne à grand ramage, six paires de ciseaux, quatre bouteilles de Bordeaux, deux de rhum et une paire de bottes.

Satisfait des présents, Didialou étendit la main vers le soleil en répétant trois fois: « Paix et amitié avec le roi blanc » ; puis il rendit sa parole inviolable, en s'approchant de l'ambassadeur, visage contre visage, et frottant avec son nez celui de l'Européen.

Lissonde, connaissant tout ce que les sauvages attachent de religieux à ce serment, ne douta plus de la bonne foi de Didialou. Il se disposait à retourner à bord, quand les applaudissements partirent de la galerie des femmes : la reine pria l'ambassadeur de faire chanter le petit animal qui avait fait tant de plaisir à l'assemblée ; la chose était facile : le musicien reprit son cornet à pistons et joua un galop qui produisit le même enthousiasme. Ainsi se termina la première entrevue.

Le même jour les Européens et les Sauvages se livraient, sans défiance, à des échanges réciproques; seulement on interdit aux noirs de monter à bord : le commerce se fit à terre ou dans les pirogues dont le Doualoug affluait.

Gouvernement et Mœurs des Sauvages.

A l'exemple de son chef, l'équipage respecta religieusement les droits et les usages du peuple devenu son ami; il existait une harmonie parfaite établie par l'équité et maintenue par elle ; sur tous les points du globe la justice possède ce privilège ; qu'elle préside aux sociétés civilisées ou descende chez les sauvages, elle sera comprise, et la force numérique comme celle acquise à l'intelligence supérieure se courberont sous ses lois.

Cette heureuse alliance des Français et des Africains permit au commandant d'étudier, jusque dans leurs détails, le gouvernement et les mœurs de ce peuple.

Un roi, ayant droit de vie et de mort sur ses sujets, gouverne le pays; maître absolu, il pressure à son plaisir les peuplades soumises à son autorité.

Après lui viennent les chefs de partis; c'est-à-dire ceux dont la force physique, l'adresse ou l'intelligence plus développée ont naturellement attiré vers eux des partisans, sur lesquels ils exercent leur influence.

Nous citerons en troisième ligne les marabouts qui exploitent la crédulité publique. Comme la superstition est élevée chez les sauvages à son plus haut point, cette troisième classe est incontestablement la plus heureuse; elle vit dans l'abondance, jamais ne prend les armes, ne travaille jamais, et pourquoi? Parce qu'elle distribue à l'ignorance des grimaces et des fétiches. J'oubliais de dire que ces marabouts sont les prêtres du pays.

La masse du peuple compose la quatrième classe : le chef de famille est maître de sa femme, de ses enfants, de ses esclaves ; il en dispose d'une manière absolue. A mesure qu'il vieillit il perd son autorité, car là l'autorité c'est la force.

Il nous reste à dire comment les volontés du roi sont exécutées : rien de plus simple et de plus actif : des coureurs les publient chez les diverses tribus, et tout le monde obéit sous peine du fouet ou de la corde, selon la gravité des circonstances.

En cas de guerre les chefs assemblent à leur choix tel nombre de guerriers, se réunissent à la résidence royale, prennent les ordres du maître, puis marchent au combat. Après la bataille on amène les prisonniers qui sont destinés à l'esclavage ou plus ordinairement à servir de pâture aux vainqueurs. Il est rare que ces guerres soient de longue durée ; mais elles se reproduisent souvent, surtout dans les moments de famine.

Le trône n'est point héréditaire ; le roi mort, le pouvoir tombe en possession du plus influent.

A ces renseignements généraux nous ajouterons quelques détails particuliers écrits par le chirurgien, Hector Dufour, à qui nous devons la relation de ce voyage ; les voici :

« Notre commandant m'ayant accordé la permission de faire une incursion dans le pays, je pris pour compagnons de voyage notre maître canonnier dont le courage et l'adresse pouvaient m'être d'un grand secours. Tous deux, donc, la ceinture garnie à l'instar des corsaires, la gourde au côté, le fusil sur l'épaule, nous nous trouvons bientôt isolés au milieu des sauvages. Notre présence inspira généralement la crainte ; les hommes nous approchaient à peine ; les femmes s'enfuyaient à certaine distance, principalement les négresses mères qui portent leurs enfants derrière le dos, à l'aide d'une lanière de peau. Nous ne trouvâmes sur notre route aucune trace de culture. »

« Marchant ainsi depuis plusieurs heures sans rien rencontrer qui pût fixer notre attention, nous songeâmes à faire retraite ; mais comment regagner le trois-mâts ? Le soleil ne nous promettait plus qu'une demi-heure de jour. Quel moyen aviser ? Le plus sage fut de demander l'hospitalité. Dirigeant alors nos pas vers une cabane, d'un extérieur assez luxueux, il me vint à l'idée de prononcer le nom du roi. A ce mot, un noir, dans

la force de l'âge, marche à notre rencontre, s'in-
cline jusqu'à terre, puis, se relevant, frotte à
plusieurs fois son nez contre le nôtre. Nous le
suivons dans sa cabane divisée en quatre compar-
timents. Dans celui où nous fûmes d'abord intro-
duits se trouvaient six négresses : trois jeunes filles,
la mère et deux esclaves. Notre apparition les
frappa d'abord de stupeur ; mais le noir leur ayant
adressé quelques paroles auxquelles se trouvait
mêlé le nom de Didialou, un air de confiance,
d'orgueil et de joie reparut sur leur visage. Quelques
instants après on nous laissa seuls. »

« Nous nous trouvions sans lumière dans cette
espèce de chambre, quand tout-à-coup des hourras,
partis de l'extérieur, vinrent frapper nos oreilles ;
la porte s'ouvrit et l'appartement fut éclairé au
moyen de torches résineuses dont l'odeur, toutefois,
n'avait rien de désagréable. »

« A l'extrémité supérieure de la chambre on
nous installa des nattes sur les quelles nous nous
assîmes à côté de deux des jeunes filles de notre
hôte, armées chacune d'un vaste éventail à la mode
du pays ; ensuite un souper nous fut servi sur une
petite planche carrée. Il était composé d'un quartier de singe cuit sur les charbons, et de plusieurs
corbeilles de fruits ; notre boisson consistait en vin
de palmier. Les sauvages ne possédant aucun usten-
sile de cuisine, nous eussions été contraints de

déchirer notre proie avec nos ongles, à la manière des naturels, sans le secours de nos couteaux. On peut nous comparer, dans ce moment, à deux acteurs comiques amusant un public composé au moins de soixante spectateurs ou spectatrices dont pas un ne perdait le moindre de nos mouvements. Je vais crayonner cette scène : »

« L'étonnement commença à grandir lorsqu'on nous vit tirer chacun notre couteau de notre poche et nous mettre à dépecer le rôt; Jérôme en goûta le premier : »

— « Par les cornes de Satan, s'écria le vieux loup de mer, je crois que ce gaillard-là nous régale d'un quartier de singe. »

— « Du singe! ce fut tout ce que je répondis, et le morceau me tomba des mains. »

— « Eh ! bien, reprit Jérôme, vous ne mangez pas de singe? »

— « Du singe ! »

— « Et oui parbleu, du singe; du jeune singe; du singe forcé; du singe par excellence, ma foi ! Je vous le jure par tous mes canons de tribord et de babord, il n'en restera pas une miette. Mangez vos fruits alors, moi je *tape* sur le singe. »

« Selon l'expression du vieux matelot, il tapa tellement sur le quartier de singe que les deux tiers suffirent à peine à son appétit ; encore manquait-il de sel dont les sauvages ignorent l'emploi. »

— « Notre repas fait , on nous versa à boire dans une moitié de coco : il y eut ici un moment d'embarras de la part des jeunes filles. Auquel devaient-elles offrir le premier la coupe ? Elles échangèrent un coup-d'œil et la préférence se porta sur Jérôme.

— « A tout Seigneur, tout honneur, dit gravement le brave canonnier, en me présentant la coupe : après vous, M. Dufour ; c'est du vin de palmier. »

« Je vidai la coupe et la repassai à Jérôme ; après quoi je fis signe d'enlever les débris du souper. Alors plaçant ma gourde, pleine de rhum, entre mon compagnon d'aventure et moi , nous nous disposâmes à fûmer la pipe. »

« La curiosité tenait toujours les yeux des spectateurs braqués sur nos mouvements : nos pipes chargées, je tirai de ma poche une boîte d'allumettes chimiques et en allumai une par le frottement : un miracle produit tout-à-coup n'eût pu faire plus d'impression ; mais quel fut l'étonnement des sauvages, en nous voyant, peu d'instants après, rendre par la bouche des nuages de fumée ! Soit terreur, soit respect, pas un ne bougea ; les langues restèrent muettes ; les yeux seuls suivirent avec admiration ce spectacle extraordinaire. »

« Cependant l'heure du sommeil approchant , je fis comprendre à notre hôte que nous désirions prendre du repos : le noir se tourna vers les spectateurs, prononça quelques paroles, et bientôt tout le monde se retira , à l'exception des deux jeunes filles , chargées sans doute de nous rendre les honneurs ou de veiller à l'entretien des torches. »

« Enfin nous voilà libres ! reste à occuper notre temps, car , à dire vrai, l'envie de dormir ne nous pressait guères ; nous bûmes le rhum. Une heure , deux heures se passèrent ainsi : les deux jeunes négresses ne partirent point, la gourde seulement se vidait; je m'en aperçus à ma tête qui devint pesante: peu à peu elle tomba sur ma poitrine ; mes yeux se fermèrent ; enfin le sommeil me gagna tout-à-fait. »

« Les premiers rayons du soleil perçaient à l'horizon quand je recouvrai l'usage de mes sens. O mœurs ! ô décence des peuples civilisés ! quel contraste vous eût offert la confiance avec laquelle reposait à mes côtés l'une des jeunes filles étendue sur la natte qui me servait de lit ! Et Jérôme ! le vieux corsaire avait transporté sa couche à l'extrémité de la chambre..... il dormait alors profondément.

A ma voix tout le monde s'éveilla ; nos deux compagnes se parlèrent et se comprirent d'un coup-d'œil : l'une appela sur ses lèvres un sourire d'orgueil ; l'autre se releva pensive et confuse. Jérôme sortit de son cou le foulard qui lui servait de cravatte et en coiffa sa petite hôtesse à la mode des Bordelaises ; il ajouta à ce présent un plein étui d'épingles, deux paires de ciseaux et une fiole d'eau de Cologne. A mon tour d'être généreux : j'offris à ma jeune hospitalière les même cadeaux, à l'exception seulement de la fiole d'eau de Cologne que je remplaçai par un éventail garni de paillettes. Mais quelle fut ma surprise, en voyant cette belle petite noire rouler ces divers objets dans le foulard et les déposer respectueusement à mes pieds, en me disant d'un regard expressif, que voilaient ses larmes : reprenez vos présents, je suis au-dessus de votre pitié. Grand Dieu ! qui me l'eût dit, j'avais manqué aux bienséances ; les négresses sont femmes, et comme nos dames françaises, leur amour-propre blessé leur prête de la noblesse et du dédain quand leur vengeance est impuissante. »

« Ma petite Africaine n'avait plus de rancune quand nous nous séparâmes. »

Fin.

Le cadre étroit dans lequel je me suis circonscrit me prive de donner au lecteur le récit détaillé des dernières journées de séjour chez les Sauvages , journées de paix et de confiance qui furent marquées par des échanges de grande valeur de la part des Français et du roi noir,

Ceux-ci enrichirent l'Africain d'une quantité assez considérable d'instruments nécessaires au charpentage, comme haches , scies , clous , marteaux ; puis , à l'utile ajoutèrent d'autres objets de luxe : des glaces , des marchandises en soie , en laine et en fil.

Les présents de Didialou consistaient en peaux de tigre, et de lions, de la poudre d'or et beaucoup d'ivoire.

Les deux peuples se séparèrent amis : les sauvages prièrent leurs dieux de ramener heureusement les hommes blancs dans leur patrie : le capitaine Charles forma le vœu que la civilisation descendît chez ce peuple hospitalier et le dotât des vertus qui font les hommes justes et les bons citoyens.

Si l'Epervier , dans ses courses lointaines peut un jour nous offrir encore quelques faits dignes d'attention , la lettre qui termine cette esquisse nous permet de dire au lecteur : Si ces scènes maritimes occupent agréablement vos loisirs , si les mœurs des peuples noirs que les suites de l'ouragan ont mis en contact avec nos compatriotes vous amusent , à une autre fois le complément de ce voyage autour du monde. Voici la lettre de notre ami ;

A l'île Bourbon, le 5 Octobre 1840.

Nous venons de jeter l'ancre dans la rade de l'île Bourbon : merci à notre étoile et au sang-froid de notre brave capitaine qui nous ont sauvés du naufrage.

A l'instant même va partir le *Sylphe*; je n'ai que le temps de me rappeler à votre souvenir et, selon ma promesse, de vous envoyer, jusqu'ici, la relation de notre voyage. Adieu.

Hector DUFOUR.

La Rochelle, Imprimerie de F. Boutet.